AF563108

DE LA

SITUATION

POLITIQUE & SOCIALE.

NÉCESSITÉ D'UNE POLÉMIQUE NOUVELLE.

Par MM. A. BERRYER & Ernest MERSON.

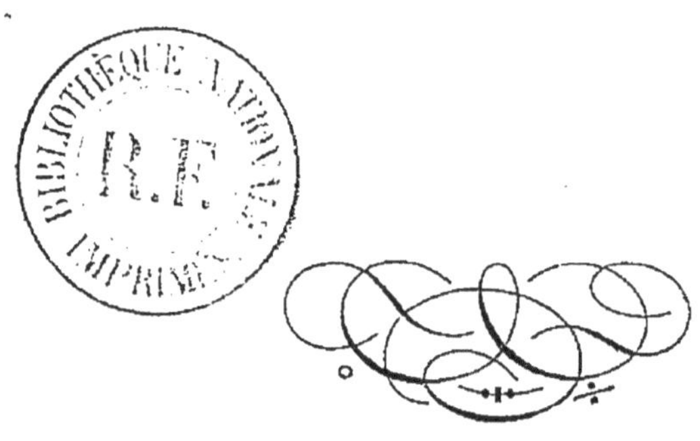

NANTES,

IMPRIMERIE BOURGINE, MASSEAUX ET COMP.,

Rue Notre-Dame, 3.

---

8 Décembre 1848.

Quand, après des secousses violentes et des bouleversements soudains, l'homme se prend à réfléchir sur la patrie, il comprend que toute son intelligence doit tendre à harmoniser vis-à-vis des situations nouvelles, les puissances invariables qui constituent la société, à mettre d'accord les principes et les faits, qui, comme les roues d'un même char, sont les éléments d'une même loi.

Dans l'horizon sans bornes qu'ouvrent à ses yeux ces commotions immenses, il regarde curieusement et prudemment tout ce qui l'entoure ; mais, de quelque côté qu'il porte ses regards, l'avenir lui paraît voilé par des tumultes étranges et de menaçantes agitations.

En présence d'ébranlements nouveaux, inévitables peut-être, il n'hésite cependant pas à se mettre à l'œuvre pour reconstruire sur ses bases mêmes l'ordre social. Les matériaux du nouvel édifice gisent parmi les ruines. C'est donc au milieu des décombres qu'il va choisir un à un les éléments de son glorieux labeur, entreprise gigantesque à l'accomplissement de laquelle se sont dévouées plusieurs générations d'intelligences, devenues tout d'un coup le profit de tous.

Le passé et l'avenir, voilà la source et le but de la pensée; voilà la source de tout enseignement, voilà le but de tout effort, de tout travail.

Cependant, si le passé est l'origine de la force première, il n'aura de puissance qu'autant qu'il ne servira pas à l'exclusion d'une autre force, l'actualité.

Les sociétés, malgré les théories spécieuses dont on veut les écraser, ne peuvent *être*, que par des principes fixes et déterminés. L'histoire du monde nous fait voir que les faits seuls changent, et que les principes sont immuables.

On l'a dit, quand tout ce qui était vrai est remis en doute, quand tout ce qui était résolu est remis en problème, une société chancèle, quelle que soit, d'ailleurs, son organisation matérielle. L'incertitude des esprits se communique rapidement et atteint les régions mêmes du pouvoir; comme il n'y a de convictions sur rien, le pouvoir finit par douter de lui-même, et avec tous les moyens d'action que les lois ont déposés en lui, il éprouve un extrême embarras d'agir, parce qu'il a perdu sa boussole conductrice.

nant, il romprait avec la majorité du pays et se préparerait une chute éclatante.

Les faits, nous ne les discutons donc pas. Les principes, nous les voulons dans leur entière application aux faits, dans leurs complètes influences.

Les faits seraient de faibles événements, si les principes étaient nettement formulés et pratiqués. Les révolutions ne nous menacent que parce que nous avons substitué la force passagère à la force éternelle.

Disons ici que nous aurions désiré, dans les circonstances où les commotions nous ont placés, voir se créer, en ce pays, un organe énergique de la situation nouvelle, qui, libre du passé, sans préoccupation de personnes, sans âcres hostilités, tendît, calme et digne vers l'avenir. La presse a plus que jamais des devoirs sacrés à remplir. Pour s'élever à leur hauteur, il lui faut se dégager complétement de l'esprit d'individualisme qui l'anime, il lui faut oublier ses anciennes rancunes, pour se placer sur le terrain des grands intérêts du pays. Nous ne savons si nous nous abusons, mais il nous semble que, dans la ville où nous écrivons ces lignes, un journal nouveau est nécessaire, qui, se faisant l'écho, non de fractions plus ou moins nombreuses, mais de la grande fusion monarchique elle-même, exerce sur le mouvement de l'opinion politique une action noblement salutaire.

La presse ne saurait, sans de graves dangers, conserver l'attitude qu'elle avait naguère. Les progrès de la politique lui en font une loi, et c'est à la seule condition de ne pas demeurer obstinément là même où elle avait autrefois planté son drapeau, qu'elle a chance de sortir de l'arrière-plan où elle se trouve aujourd'hui reléguée ; c'est-à-dire que, pour reconquérir la part d'influence qui lui appartient dans les affaires du pays, il lui faut avant tout comprendre que les barrières des camps sont brisées et que tous les éléments d'ordre doivent désormais s'unir en une seule pensée, en une seule direction, en une seule espérance.

Revenant à ce que nous exposions plus haut, voici très-brièvement la voie que nous voyons tracée devant un gouvernement.

La question de liberté religieuse préoccupe un grand nombre d'esprits. Il est essentiel que le pouvoir donne à cet égard des garanties propres à mettre un terme à des appréhensions naturelles et amplement justifiées. Le dogme est indiscutable, et l'Etat doit se garder d'y porter jamais atteinte. La foi est une propriété de la conscience et demande à être toujours respectée. La pratique veut être complète, libre, efficacement protégée, parce que les rapports de l'homme avec Dieu, intérieurs ou extérieurs, ne relèvent en aucune sorte de l'autorité temporelle, et par conséquent ne veulent être gênés en rien par un gouvernement quelconque.

Hors de ces principes généraux, dont l'application nous semble impérieuse et à la fois salutaire, il n'y a que contrainte et oppression.

Pour ce qui est de l'action politique, nous renfermons le prêtre dans les bornes tracées à chaque citoyen, pour user de son droit et accomplir ses devoirs. A nos yeux, les membres du clergé doivent en politique comme ailleurs, par une action constante et digne, poursuivre l'immoralité partout où elle se montre, dévoiler le mensonge de quelque côté et au profit de n'importe quel homme ou quel principe il se produise.

Nous ne voulons pas de priviléges pour une classe de citoyens, considérés comme citoyens, parce qu'ils n'en veulent pas eux-mêmes ; seulement nous demandons au pouvoir une protection spéciale pour les ministres de la religion, en tant qu'hommes revêtus d'un caractère saint et successeurs des apôtres de Jésus-Christ sur la terre.

Les derniers événements de Rome peuvent amener de grands changements à la situation du clergé en France. Sans rien préjuger, nous dirons, catholiques de toute l'énergie de notre conviction, voulant sincèrement la liberté religieuse, que le gouvernement doit intervenir pour que les ministres de Dieu occupent toujours dans l'organisation sociale une haute et digne situation.

Une autre question s'est, depuis plusieurs années, produite, qui a été envisagée à des points de vue bien diver s sans que la lumière ait lui. Nous voulons parler de la liberté d'enseignement, dont les uns ont voulu resserrer arbitrairement le cercle; dont les autres ont essayé d'élargir outre mesure les bornes. Ici la saine raison indique qu'il est une situation mixte à prendre pour bien juger le problème et le résoudre.

Evidemment le corps universitaire a rendu au pays des services réels et facilement appréciables; évidemment encore il ne pourrait être dissous sans un grave préjudice porté à l'enseignement public. Cependant il est à propos qu'il n'abuse pas de sa toute-puissance, ou plutôt que cette toute-puissance lui soit ravie pour ne résider plus que dans la liberté. Il ne faut pas que l'Université soit une force absorbante, mais bien une force fécondante. Fille aînée des monarchies, elle a droit à tous nos respects, à toute notre admiration; seulement nous voulons voir son action circonscrite dans les justes limites que lui tracent les principes de liberté proclamés au nom de tous et pour tous.

L'état est protecteur nécessaire de l'éducation; il en doit être même, dans de certaines circonstances, le dispensateur; mais il ne saurait, par voie

Pour nous, qui nous constituons les vigilants défenseurs du pacte social, nous en condamnons les adversaires aveugles ; aux gouvernants, quels qu'ils soient, nous en demandons une courageuse et noble application. L'état actuel de la France n'annule pas à nos yeux les droits éternels des hommes. Le pouvoir ne peut vivre qu'en respectant les principes constitutifs de la société ; et, pour cela, les situations nouvelles ont fait naître, au milieu de nos angoisses, de prodigieuses et providentielles facilités. Nous voyons, en effet, autour de nous un spectacle inouï : les révolutions amènent ordinairement d'innombrables divisions, et voilà que, dans ce pays de France, naguère si partagé de convictions politiques, un ensemble merveilleux se forme tacitement ; resserrant les liens qui n'unissaient plus les enfants d'une même patrie, il nous est donné de n'avoir plus à combattre que les ennemis éhontés de la société.

La situation s'est simplifiée dans nos malheurs. Elle est nettement tranchée : d'un côté les principes, de l'autre les faits.

Désormais, l'effacement des partis est réel, et chaque jour qui s'est écoulé depuis la soudaine chute du trône de juillet, a fait taire des antagonismes activement nourris pendant dix-huit années d'oppression morale. Les éléments d'ordre renfermés dans les divers camps de la nation se sont instinctivement rapprochés. Faibles lorsqu'ils étaient séparés, aujourd'hui que les idées et les intérêts les ont amenés à une complète et rapide fusion, ils semblent assez forts pour défier les tentatives de la fraction du pays qui cherche la lumière dans les ténèbres, la prospérité dans la misère, la vie dans la mort même. Du sentiment d'un danger commun est né le besoin d'une aide mutuelle, d'un secours réciproque, et la concentration de forces autrefois diffuses ou contraires, est la plus puissante sauvegarde contre les éventualités de l'anarchie.

Remarquons-le, cette union des diverses nuances du grand parti de l'ordre sera plus manifeste et plus intime, alors que la question de la présidence sera résolue, et que, sortie enfin d'une situation provisoire, la France obéira à un pouvoir régulièrement établi. Le fait alors sera moins contestable encore que dans le passé, et l'épreuve de la forme républicaine pourra se faire complète et décisive.

Ce fait, nous ne le combattrons pas; cette épreuve, nous la subirons tout entière, et dans les conditions que le vote universel va lui dicter.

Convaincus que le pays est essentiellement monarchique, que la monarchie seule peut donner aux peuples la sécurité et la force qui développent à la fois le bien-être matériel et moral, la gloire et la prospérité des nations; convaincus que, partis de là nous reviendrons là, nous ne voulons cependant pas entraver la marche du gouvernement démocratique.

Les errements suivis depuis février, empruntés pour la plupart aux sinistres traditions d'un autre âge, ne sont pas propres à rassurer nos inquiétudes, à modifier nos croyances. Tout au contraire, la politique républicaine n'a, jusqu'à ces heures, eu d'autre résultat que de désespérer les plus aveugles espérances, que de fortifier la foi monarchique. Les hommes qui ont successivement occupé le pouvoir avaient évidemment en main deux forces: la force brutale et la force morale. Ils se sont servis de la première pour traverser de sanglantes épreuves; mais ils ont volontairement négligé d'employer la seconde pour conjurer dans l'avenir les périls que le présent nourrit et développe.

Cependant, à notre gré, la république doit vivre sa vie entière, et si la France appelle un jour un roi à la gouverner, il faut que cela soit par la seule force des choses et s'accomplisse sans secousses, sans révolutions de rues, sans guerres civiles. Il faut que, avant de retourner à la monarchie, le pays fasse la complète expérience que, parmi nous, la république est impossible.

Mais en acceptant le fait nouveau sans arrière-pensée, nous n'en sommes pas moins résolus à défendre l'intégrité des anciens principes. En prêtant notre loyal concours, comme citoyens, au gouvernement républicain, nous posons la condition absolue qu'il respectera dans leur entier, les bases de l'ordre social ; qu'il appliquera dans toutes leurs conséquences, les doctrines d'où découlent la protection de la propriété, de la liberté, de la famille; qu'il développera dans leurs manifestations les plus libres, tous les germes de grandeur, de richesses, de bonheur, de moralité. Partout où le pouvoir républicain, constitué le défenseur de tous les intérêts généraux dans leurs rapports avec la multitude des intérêts particuliers, se montrera fidèle à la tâche dont il s'est si violemment chargé en février, donnera satisfaction aux justes exigences de la saine portion du pays, la sincère approbation des hommes monarchiques eux-mêmes lui est acquise ; mais, dès l'heure où, s'écartant de la ligne du devoir, il oublierait ou dédaignerait de poursuivre l'application des principes sociaux, des avertissements prophétiques lui seraient adressés de toutes parts, et la raison publique pressentirait sa fin inévitable et prochaine. La République n'a chance d'être que par les hommes d'ordre; le pouvoir définitif, par une politique nationale et protectrice de toutes nos libertés, doit incessamment tendre à les grouper autour de soi. En se les alié-

tiente des siècles est venue consacrer, et nous nous appuyons sur ce legs du passé pour assurer les destinées de l'avenir. L'ordre, on l'a dit, ne résulte pas de la volonté mobile ou de l'orgueil insensé des créatures, mais bien de la sagesse infinie du créateur : il n'y a pas deux voies pour y conduire, de même qu'il n'y a pas deux justices, deux morales, deux logiques, deux univers. Les sociétés ne se font point par convention, mais par la combinaison et le développement des intérêts, d'après les lois immuables qui régissent le monde ; enfin il n'existe qu'une succession d'événements toujours dans le but final de la création, et il n'y a jamais eu de grands torts politiques, quelque désastreux qu'ils fussent, que le temps n'ait fini par ramener dans le sens des principes de la vérité. Cependant, et tout en ayant la foi la plus profonde dans le divin Régulateur, nous pensons que les jours sont venus où, si nous ne repoussons pas avec courage et persévérance les attaques cruelles dont la société est l'objet, de grandes ruines se feront à l'entour de nous.

Nous ne nous exagérons pas les périls d'une situation évidemment compromise ; mais à voir les prodigieux ébranlements qu'a récemment subis le vieux monde, à voir cette funeste victoire hier remportée par le désordre sur le vicaire de Dieu même, à voir l'audace toujours grandissante des adversaires de toute société, nous avons le droit peut-être d'être assiéges de sinistres appréhensions. Les empires, sans se rattacher instinctivement à une branche de salut, se verront-ils descendre vivants au tombeau ? Plongés dans une léthargie profonde, entendront-ils les apprêts de leurs funérailles, sans essayer même de les interrompre ? Non, sans doute, non ; mais le danger est réel, et il est indispensable, si nous voulons sauver la société qui s'écroule, de nous réunir en de communs efforts pour atteindre un but commun.

Aussi devons-nous chercher des issues à toutes les crises qui nous assiégent, crise commerciale, crise industrielle, crise financière, crise de la misère. Ces issues, on nous en éloigne ; il nous faut incessamment nous en rapprocher, en prêchant à tous des principes de solidarité qui trouvent leurs moyens d'expansion dans la pratique sincère et loyale de tous les devoirs. En bas nous voulons la subordination, en haut la sollicitude, partout la concorde et l'amour. Ne nous méprenons pas : après les secousses récentes et si subites qui ont éprouvé la société, le sentiment de l'ordre est assez général pour que nous puissions espérer d'atteindre le but proposé. Ne nous laissons pas rebuter par les difficultés de l'entreprise, et nous réussirons à réunir en un faisceau des éléments qui semblent ennemis, mais qui courrent réellement vers une sérieuse entente, vers une grande et salutaire fusion.

Les théories purement spéculatives rencontrent des difficultés innombrables dans la pratique. La vérité seule trouve une application immédiate, rapide et féconde. Pour nous, qui ne voulons que l'ordre dans l'ordre même, nous poursuivons dans toutes ses directions l'amélioration progressive et constante du bien-être des masses; nous demandons au pouvoir, quelque forme qu'il revête pour s'exercer, de seconder le mouvement qui se fait en faveur des pensées sociales, et de venir en aide aux déshérités de la fortune par la création de caisses de secours, d'établissements de prévoyance dont la mutualité soit le principe, et le développement de l'aisance, le but. Nous voulons hâter l'autorité vers une voie qui l'engage à protéger l'enfance et la vieillesse, à couvrir de la même sollicitude le berceau de l'homme et sa tombe. Nous voulons l'obliger, par nos avertissements et nos sollicitations, à porter ses plus sérieuses préoccupations vers la moralisation des peuples, et à répandre parmi les générations un enseignement professionnel, soit dans l'industrie, soit dans l'agriculture, soit dans les sciences, qui aide à clore la série des catastrophes qui depuis si longtemps nous visitent.

Et puis nous lui disons de leur parler peu, bien

peu de politique : on ne parle politique aux populations, que lorsqu'on veut les égarer : nous avons fait déjà la triste expérience de cette vérité. Enfin nous le poussons à enseigner aux masses plutôt leurs devoirs que leurs droits : la pratique des devoirs profite à la généralité, tandis que l'exercice du droit satisfait à grand'peine l'individu. Copernic, Kepler, Newton, Bergman, Boërhave, Jussieu, Linnée, Lavoisier, ne connaissaient peut-être pas toute l'étendue de leurs droits; mais ils s'inquiétaient avec une noble et généreuse sollicitude de l'accomplissement de leurs devoirs. Cette préoccupation les domina même à ce point, qu'ils ont immortalisé leurs noms en reculant les limites de la science et en travaillant laborieusement au bonheur effectif de la multitude. L'ordre, qu'on le sache bien d'ailleurs, n'est que l'ensemble des devoirs ou des rapports sociaux qui unissent un être aux autres êtres. Chercher à se soustraire à ces devoirs, ne considérer que soi, essayer de se faire une félicité, une vie à part, c'est tout à la fois une extravagance et un crime : une extravagance, car nul ne peut vivre seul, ni vivre heureux qu'en obéissant à ses lois naturelles; un crime, car s'isoler, travailler dans un but arbitrairement personnel, c'est tenter de se rendre indépendant de Dieu, de se substituer à lui.

Ici la raison est notre guide ; le bonheur général est notre terme. Nous y pourrons arriver par des

de monopole, substituer dans la famille son autorité arbitraire à l'autorité directe et légitime du chef de la famille. La liberté d'enseignement étant dans nos mœurs bien avant que d'être dans notre Constitution, tous nos instincts s'insurgent contre l'empiétement que le gouvernement voudrait faire sur nos droits naturels, surabondamment consacrés par la raison. Pleins d'un reconnaissant souvenir pour ces austères figures de l'ancienne Sorbonne, pour ces doctes initiateurs qui savaient si bien que là où n'est pas la vertu, la science demeure stérile ou produit des fruits empoisonnés, nous n'en considérons pas moins le présent avec tous ses besoins et toutes ses exigences. Nous conservons l'Université comme un précieux arsenal de vastes et universelles connaissances, comme un corps enseignant, susceptible de projeter de grandes lumières sur les générations, d'imprimer un mouvement sans cesse ascendant au thermomètre de la science ; mais nous voulons qu'à côté d'elle, concurremment avec elle, et sans être soumise à son inquisitoriale surveillance, tout homme d'une réputation sans tache puisse, après des épreuves subies dans des concours spéciaux, ouvrir et répandre sur l'enfance les trésors laborieusement amassés de ses connaissances scientifiques et morales.

En un mot, nous entendons une liberté d'enseignement sagement mesurée, qui tienne un juste équilibre entre l'oppression actuelle et la licence à laquelle quelques esprits absolus paraissent aspirer.

Une autre question sur toutes, aujourd'hui, est l'expression du sentiment des départements. Nous n'avons pas vu que pour elle, il ait été formulé de solution précise et définie : nous parlons de la décentralisation. Pour qu'un corps quelconque vive, il faut une tête et un cœur : il est cependant des appropriations et des fonctions spéciales à chaque membre de ce corps qui en fortifient l'ensemble. Ainsi doit faire l'organisation administrative. L'éducation politique a fait augmenter dans de grandes et utiles proportions, la part d'initiative et de complète action que les diverses contrées de la France peuvent pratiquer aujourd'hui. En allégeant le fardeau financier et matériel de Paris, on donnerait aux départements une alimentation utile pour les personnes et les affaires. Nous voudrions voir poursuivre les satisfactions nécessaires de ce besoin public.

La conflagration générale de l'Europe a amené un grand changement dans la politique des diverses puissances, surtout en ce qui concerne leurs rapports avec la France. Promoteurs avancés de l'idée révolutionnaire dans le monde, nos ébranlements sociaux ont entraîné tous les empires dans un immense désordre, au milieu duquel les rivalités de peuple à peuple ont en partie disparu. La question s'est posée partout sur le même terrain : d'un côté sont les niveleurs absolus de tout ce qui a été; de l'autre, les soutiens intelligents, les ouvriers persévérants des progrès mesurés de la société, les coordonnateurs de la grande vie sociale. Partout la même situation. Aussi devons-nous reconnaître que les événements, sur quelque point de l'Europe qu'ils se produisent, touchent intimement à l'état moral et politique de notre pays.

Nous disions plus haut : « Les faits changent, les principes sont immuables. » L'application de cette loi doit se faire, et justement dominer tout, dans les relations extérieures.

Les questions politiques ont été sous nos rois, naturellement et par les constitutions de chaque pays, placées dans des délimitations de territoire, dans des pactes et des prépondérances de famille ; le vieux monde, régi par ces influences, a subi d'autres lois depuis la fin du dernier siècle. Les tendances qui se sont traduites un moment par la gloire des armes et la conquête, se traduisent aujourd'hui par l'envahissement des mêmes idées chez tous les peuples, par les guerres civiles : les passions les plus violentes sont venues se ruer contre les trônes, et l'on ne sait encore si cet immense concours de bouleversements n'amènera pas la dissolution de toute société.

Dans ces circonstances, la politique de la France se dessine nettement. L'intégralité du territoire ne se discute pas; mais toute atteinte à l'importance morale de la France dans les congrès diplomatiques, doit être énergiquement repoussée. Au milieu des funestes tendances qu'elle a inspirées, la France a lancé de puissantes idées dans le monde : elle doit en laisser la libre application aux peuples, et, en présence de ce qui sera fait, se tenir noble et fière, mais non hostile. Nous avons à défendre vis-à-vis des autres puissances notre influence, nos intérêts; nous avons surtout à nous faire respecter. Pour être respecté, il faut être juste et fort, comme il appartient à une grande nation. Il faut cela et rien que cela.

Dans la question de l'industrie sont aujourd'hui renfermées d'autres questions, celle du travail, celle de l'assistance, etc. On sait quelles immenses difficultés les esprits les plus éminents ont rencontrées à ce sujet, combien de solutions ont été ajournées. Il y a cependant quelques points déblayés aujourd'hui, et voici le résumé de nos vues à cet égard.

L'ensemble des questions qui s'agitent est social plus encore que politique. Sur ce point important quelques développements sont nécessaires.

Nous prenons pour base de la société, l'ordre fondé par Dieu lui-même, et que la succession pa-

moyens sûrs dont le Socialisme s'éloigne, mais que les hommes de bonne volonté savent toujours trouver, quand il s'agit du salut de tous.

Voilà notre aperçu général sur la question. Nous voudrions en voir faire l'application ; de cette application découle pour nous une politique noble et sage. Nous voudrions surtout que la presse s'attachât à développer la thèse que nous venons d'esquisser, et que sa grande voix retentît incessamment pour prêcher au pouvoir le respect des principes, aux peuples l'union, la paix, la véritable fraternité. Tout au contraire, dans la ligne suivie par la plupart des journaux de cette province, on ne voit que récriminations, vieux préjugés, vieilles antipathies. Ce sentiment est si fort, que les événements, qui, en-dehors de ces individualités, ont amené les esprits honnêtes sur le terrain de la fusion, ont laissé les journaux sur le vieux terrain de leurs luttes, et on pourrait presque leur appliquer ce mot célèbre : *Ils n'ont rien appris, ils n'ont rien oublié.*

La presse, cependant, devrait apprécier et comprendre toute l'importance du rôle qu'elle est appelée jouer dans le grand drame de la politique humaine. Exerçant un pouvoir souverain sur l'opinion, elle devrait, inaccessible aux tumultes du monde, répandre incessamment sur la multitude, comme une manne salutaire, les bons enseignements, les doctrines de vie ; elle devrait généreusement guider les peuples dans le chemin de l'ordre ; elle devrait n'user de sa réelle influence sur les esprits, que pour régler leurs courses et modérer leurs emportements.

Au lieu de cela, en promenant les regards à l'entour, qu'apercevons-nous ? Sauf quelque honorable exception, nous voyons la presse locale, toute préoccupée de questions mesquines et personnelles, se lancer dans une voie où toute issue raisonnable est pour elle impossible. S'appliquant à raviver de vieilles haines, à nourrir d'anciennes querelles, chaque journal consacre à des questions individuelles une polémique qui peut passagèrement distraire la galerie, mais qui demeure absolument sans profit pour la société. Avec l'arme la plus puissante que l'homme puisse agiter, le journalisme n'a pas ici de signification sérieuse, parce qu'il a conservé les traditions d'une autre époque, et n'a pas su se placer à la hauteur que lui assignaient les rapides et graves événements de l'actualité.

Nous comprenons la publicité périodique tout autrement qu'on la pratique en cette ville. La discussion sérieuse et toujours digne des principes fondamentaux de la société, l'examen impartial des actes du pouvoir ; l'appréciation calme et réfléchie d'une situation évidemment pleine de périls, l'encouragement donné à toute mesure bienfaisante ou glorieuse, le redressement de tout tort gouvernemental ou administratif, l'appel fait au pouvoir en faveur du bien-être matériel et moral des peuples, la réfutation de toute hérésie politique, de toute entreprise anti-sociale; voilà le cercle large et à la fois borné que nous traçons à la polémique de la presse; voilà la tâche qu'il lui faudrait savoir partout et toujours remplir.

Pour reconquérir tout le terrain qu'elle a volontairement perdu dans l'estime du monde, la presse doit être probe et sincère, généreuse et résolue dans la ligne du devoir; elle doit se vouer à la défense des principes, non des individus; elle doit parler à la raison des hommes, non à leurs passions; elle doit n'attaquer que l'erreur, ne défendre que la vérité; elle doit enfin être une émanation de la conscience publique, non une œuvre de la spéculation des partis.

En ce qui nous regarde, nous hâtons de nos vœux, nous hâterons de nos efforts, l'heure où la pensée que nous venons d'exprimer trouvera enfin dans ce pays sa complète et loyale application.

www.ingramcontent.com/pod-product-compliance
Lightning Source LLC
LaVergne TN
LVHW010306230826
846091LV00007BB/2732

* 9 7 8 2 0 1 1 7 5 6 9 1 6 *